Ruth Rau

Spüren, was bleibt

Gedanken für Trauernde

Kaufmann Verlag

Trauer ist kostbar

Es ist, als ob die Sonne nicht mehr scheint.
Das ganze Leben wirkt wie von Regenwolken
eingehüllt. Die Freude ist entschwunden, und
wir wissen nicht, ob sie jemals zurückkehren wird.

Aber wie sollte es auch anders sein. Wenn der liebste
und vertrauteste Mensch von uns gegangen ist,
entsteht eine große Leere. Trauer beherrscht das
ganze Leben. Sie drückt aus, wie groß unsere
Liebe gewesen ist. Sie zeigt uns, dass die Liebe nicht
mit gestorben ist, sondern in uns weiterlebt,
als unerfüllbare Sehnsucht, als Traurigkeit.
Sie drückt unseren Schmerz aus, weil wir das
Wertvollste verloren haben, den Menschen, der
das Leben mit uns teilte.

Wenn wir unsere Trauer als Ausdruck unserer
Liebe verstehen, dann können wir vielleicht einen
Sinn in ihr sehen und sie leichter ertragen.
Und so kann sie uns kostbar werden.

So unbegreiflich

Es ist so schnell gegangen.
So schnell kann ein Leben
zu Ende sein.
Keine Zeit,
Abschied zu nehmen
und noch einmal zu sagen,
was zu sagen wichtig gewesen wäre.

Wie Reif auf einer voll erblühten Blume
ist solch ein unerwartetes Ende.
Wir können es kaum fassen.
Mühsam versucht unsere Seele
zu begreifen, dass jedes Leben
auf seine eigene Weise endet.

Es braucht viel Zeit, um Schritt für Schritt
zu erkennen, dass der andere nicht mehr
da sein wird. Nie mehr.

Abschied von dem, was war und was hätte sein können

Der erste Frost nimmt nicht nur die letzten Rosen mit,
er beendet auch die Entfaltung der Knospen.
Sie werden nicht mehr aufblühen.

Ähnlich geht es uns Menschen.
Solange wir leben, haben wir Hoffnungen, Wünsche, Träume;
solange wir leben, keimen Möglichkeiten in uns.

Wenn ein Leben zu Ende geht, dann trauern wir nicht nur
um das, was war, sondern auch um das, was hätte sein können.
Einen Geburtstag, den man zusammen feiern wollte,
eine Reise, die geplant war, eine neue Wohnung oder ein
erwartetes Enkelkind. All das muss nun losgelassen werden.
Es braucht Zeit, bis solch ein Schmerz vergeht.

Aber die Rosen zeigen uns auch:
Bis zum letzten Augenblick ist ein Leben voller Chancen.
Keiner kann sie alle ausschöpfen.
Das Leben hat Größe. Wir sterben in Fülle,
im Reichtum der Möglichkeiten.

Was uns bleibt, sind Erinnerungen

Wenn ein Mensch von uns geht, bleibt uns die Erinnerung an ihn. Wir haben seine Stimme noch im Ohr. In Gedanken können wir ihn uns vor Augen führen. Gemeinsame Erlebnisse können wir erinnern, fast so, als ob man einen Film noch einmal abspielt. In uns ist der andere noch lebendig. Wir leben noch ein Stück weit mit ihm.

Weil die Erinnerungen das sind, was uns bleibt, ist es so wichtig, sie zu pflegen und sie auch mit anderen zu teilen. „Weißt du noch, wie wir damals …", erzählt man sich im Familienkreis. Höhepunkte des Lebens werden noch einmal nachempfunden. Feste, besondere Ereignisse und Reisen tauchen aus der Vergangenheit wieder auf.

Solche Erinnerungen sind wie eine Schatzkiste. Auch wenn unser Gedächtnis für die gegenwärtigen Dinge des Alltags nachlässt, die Sternstunden der Vergangenheit behalten ihre Leuchtkraft.

Sternstunden

Was die Erinnerung besonders vergoldet,
das sind die Sternstunden des Lebens:
Wie man sich zum ersten Mal begegnet ist.
Der Hochzeitstag oder die Hochzeitsreise.
Der Moment, als man ein Kind zum ersten Mal
in den Armen hielt.
Die Freude über eine gelungene Arbeit, die man
teilen konnte. Oder der erste Schritt über die
Schwelle im eigenen Zuhause.

Manches bekommt erst im Rückblick seine Bedeutung,
weil man dann erst weiß, dass es ein letztes Mal gewesen ist.
Worte erhalten mehr Gewicht, Blicke oder Gesten bleiben
für alle Zeit im Gedächtnis.
Man weiß: nichts lässt sich wiederholen.
Das macht jene Erinnerungen so kostbar.

Was einer mitnimmt, was er zurücklässt

Wenn ein Platz leer geworden ist, fehlt uns auf einmal so vieles:
Gespräche, Blicke, ein vertrauter Schritt,
die Gegenwart eines geliebten Menschen.

Aber es bleibt uns auch vieles:
Dinge, die wir benutzen,
tragen noch den Stempel des gemeinsamen Lebens.
Wege, die wir gehen, erinnern daran,
wie man sie gemeinsam gegangen ist.

Aber da ist noch mehr:
Auch die Gespräche können weitergehen.
Wir können den anderen noch fragen,
was er zu diesem und jenem meint.
Und weil wir ihn so gut gekannt haben, ist es,
als könnten wir hören oder spüren, was er sagen würde.

Wir sind durch das gemeinsame Leben tief geprägt,
und diese Prägung bleibt uns erhalten.
Lebenslang hinterlässt ein geliebter Mensch
Spuren in unserem Leben.

Die Beziehung lebt weiter

Auch wenn das gemeinsame Leben endet,
lebt die Beziehung doch auf geheimnisvolle Weise weiter.
Manchmal wird uns dies durch Träume deutlich.
Sie können Trost spenden oder versöhnliche Gedanken übermitteln.
Und indem wir selbst weiter reifen, reift auch die Beziehung noch.
Manches, das schwierig gewesen ist, können wir nun versöhnlicher betrachten. Wir können unerfüllt gebliebene Wünsche loslassen.
Wir können den anderen, unbehelligt von Alltagsthemen,
besser in seinem wahren Wesen erfassen und würdigen.

Vielleicht können wir sogar eines Tages erkennen:
Was uns am tiefsten verbunden hat, waren nicht die schönen Erlebnisse, sondern es waren die schwierigen Dinge, die wir gemeinsam erlebt und durchgestanden haben. Durch sie sind wir gemeinsam stark geworden. Durch sie wurde unsere Verbindung zu etwas Einmaligem.

Verblassend wie ein Traum

Während wir aufwachen, beginnt ein Traum aus unserem Gedächtnis zu entschwinden. Ähnlich ist es mit unseren Erinnerungen, sie verblassen mit den Jahren.

Wenn der Verlust noch frisch ist, fürchten wir uns vielleicht davor, zu vergessen. Wieder und wieder müssen wir erzählen, was für uns bedeutsam war am Leben eines anderen. Das ist gut so, und es hilft uns, die Erinnerungen zu fixieren. Trotzdem werden sie mit den Jahren, wie alte Fotos, blasser und undeutlicher werden.

Was wirklich wichtig war, wird uns leuchtend im Gedächtnis bleiben. Anderes darf im Laufe der Jahre im Nebel der Vergangenheit entschwinden. So kann in unserem Leben Raum für Neues entstehen.

Orte zum Trauern und Erinnern

Trauer braucht einen Ort. Es kann tröstlich sein,
zur letzten Ruhestätte zu gehen und leise zu sagen:
Du fehlst mir so.
Einen Blumengruß mitzubringen, der ausdrückt:
Ich möchte so gerne noch etwas für dich tun.

Unser Haus, unsere Wohnung, werden wir mit der Zeit
wohl umgestalten. Wenn wir versuchen, alles zu lassen,
wie es ist, kann das Leben nicht weitergehen,
denn Leben bedeutet auch: Veränderung.
Trotzdem kann es gut sein, etwas als Ort der Erinnerung
unverändert zu lassen.

Später kann man auch einmal an einen Ort reisen,
an dem man zusammen glücklich gewesen ist.

All die Gedenktafeln und Gedenksteine in den
Städten und auf den Friedhöfen zeigen uns:
Erinnerung braucht Orte.

Wie vergesslich ist unser Herz?

Ist denn unser Herz so vergesslich?

Es ist wohl eher so, dass wir vieles für
selbstverständlich halten. Dass wir leben und atmen,
dass wir Nahrung und Kleidung haben – oft kommen
wir gar nicht auf den Gedanken, dafür dankbar zu sein.

Auch die Liebe im Zusammenleben hat sich in
solchen Selbstverständlichkeiten ausgedrückt:
in der alltäglichen Fürsorge um Nahrung
und Kleidung, im Anteilnehmen am Leben des anderen,
darin, dass man einander Freude bereitet.

Sich an solche Dinge dankbar zu erinnern,
das ist so, als würden wir dem anderen
in unserem Herzen einen Gedenkstein setzen.

Die Liebe hört nicht auf

Es ist eine erstaunliche Erfahrung:
Auch wenn das Leben eines Menschen endet,
die Liebe zu ihm endet nicht.
Sie lebt weiter in den Herzen der Menschen,
die ihm vertraut waren.
Wir spüren noch das warme Gefühl, wenn wir
an ihn denken.
Wir fühlen noch Trauer, wir vermissen ihn.
Wir sind noch glücklich, mit ihm verbunden
gewesen zu sein.

Die Liebe zu einem Menschen,
den wir wirklich geliebt haben,
lebt weiter, solange wir leben.
Sie hört nicht auf.
Sie wird uns immer begleiten.

Mehr als Stückwerk

Wenn einer von zweien gegangen ist, kommt uns die Beziehung
wie Stückwerk vor. Es blieb keine Zeit, sie zu vollenden.
Vielleicht spüren wir erst im Rückblick, was noch gefehlt hätte.

Aber ist es nicht so, dass die Liebe sich selbst vollendet?
Sie ist langmütig und freundlich, heißt es von ihr,
sie lässt keine Verbitterung zu, sie glaubt, sie hofft,
sie hört niemals auf.

Solche Worte sind groß für menschliche Liebe
mit ihren begrenzten Möglichkeiten.
Und doch ist unsere Liebe Teil der unendlichen Liebe,
die alles, was lebt, umfasst.
Eingebunden in diese größere Liebe,
kann sich unsere Liebe vollenden.

Wie Dankbarkeit sich entfaltet

So wie ein Vogel am Morgen noch im Dunklen singt,
kann sich Dankbarkeit auch in Zeiten der Trauer entfalten.

Gerade durch den Verlust wird uns bewusst, wie reich wir beschenkt sind durch das Leben des anderen.
Wir konnten gute Jahre mit ihm verbringen, uns an seinen Begabungen freuen. Sein Lachen hat unsere Tage froh gemacht. Sein fürsorgliches Wesen hat uns gut getan, Tag für Tag.

Was für ein Geschenk, Jahr um Jahr einen geliebten Menschen an der Seite zu haben und mit ihm gemeinsam das Leben zu leben.

Solche Dankbarkeit kann uns die Trauer nicht nehmen,
wir spüren vielleicht sogar deutlicher, was wir verloren haben.

Aber die Dankbarkeit kann der Trauer den bitteren Stachel nehmen. Sie ist wie ein Licht in schweren Tagen und lässt uns ahnen, dass es in unserem Leben wieder heller werden wird.

Sterben ist ein Heimweg

Wir haben es nicht in der Hand,
ob der Tod plötzlich in unser Leben tritt,
oder ob er sich langsam und schrittweise nähert.

Wem es vergönnt ist, einen geliebten Menschen
in seiner letzten Lebenszeit zu begleiten,
dem erschließen sich neue Räume.
Er kann miterleben, wie ein Mensch sich Schritt
für Schritt aus dem Leben löst.
Worte verlieren an Bedeutung. Manchmal ist es,
als ob der Blick in weite Ferne schweift. Vieles, was
ein Leben lang wichtig war, erscheint nun bedeutungslos.
Die Verbindung zum irdischen Leben ist nur noch
ein dünner Faden. Es scheint, als ob eine
andere Wirklichkeit verlockend wird, zu der wir noch
keinen Zugang haben.

So wie es einen Menschen am Anfang ins Leben
gedrängt hat, zieht es ihn nun am Ende hinaus.
Und wir bekommen eine Ahnung davon,
dass Sterben wie ein Heimweg sein kann.

Unvergänglich

Unser Herz ist schwer,
wenn wir in die Erde betten,
was an einem Menschen sterblich ist.

Wir trauern etwas nach,
was von Anfang an vergänglich war
wie die Sommerblumen.

Aber es gibt einen Trost:
nicht alles, was einen Menschen ausmacht,
ist vergänglich.
Das einmalige Wesen,
das der Geist des Schöpfers
einem jeden verliehen hat,
bleibt in Ewigkeit.

In der Reihe
LAHRER GESCHENKHEFTE
sind bisher erschienen:

Ulrich Schaffer:
... weil du einmalig bist · ... weil du dein Leben entscheidest
Wage es, Grenzen zu sprengen · Weil du einmalig bleibst · Was der Tag mir schenkt
Wege · Halte fest an dir · Lass dich los · Was wir brauchen ist Liebe
Das Glück des Augenblicks · Ich begleite dich · Ja · Nein · Du
Für eine neue Welt · Ich glaube an unsere Zukunft · Als ich mein Herz auftat
Höre nicht auf, anzufangen · Wofür sich zu leben lohnt

Peter Klever:
Leben wünsch ich dir · Ich sah mehr als Steine · Vor uns das Leben

Andreas Pohl:
du und ich · Du bist ein wundervolles Geheimnis
Ich schenke dir ein gutes Wort · Geheimnis des Zuhörens
Wenn du mit dem Herzen schaust · Spüre das Leben

Andere Autoren:
Sonnengesang · Du bist liebenswert
Die Morgenröte wärme dein Herz · ... weil du kostbar bist
Worte des Trostes für die Zeit der Trauer
Entdecke das Leben · Von Herzen wünsch ich dir · Spüren, was bleibt

Bibliografische Information Der Deutschen Bibliothek

Die Deutsche Bibliothek verzeichnet diese Publikation in der Deutschen Nationalbibliografie;
detaillierte bibliografische Daten sind im Internet unter http://dnb.ddb.de abrufbar.

1. Auflage 2012

Printed and bound by Leo Paper
ISBN 978-3-7806-1234-2